레너드 번스타인

글_푸른물고기주니어 동화책연구회 | 그림_수디자인

추천 · 감수_윤해중(前 한양대 음대 교수)

1970년대 초, 평범한 미국 가정에서
저녁 식사를 마친 가족이
텔레비전 앞에 모여 앉았어요.
아빠와 엄마뿐만 아니라
고등학생 누나와 중학생 동생도
잔뜩 기대 어린 표정이었지요.

그 시각 방영되는 프로그램은
'청소년을 위한 콘서트' 였어요.

"오늘은 레니가 어떤 음악을 들려줄까?"

"글쎄,
벌써부터 설레고
기대되는걸."

그 가족은 모두 클래식 음악을
아주 좋아했어요.

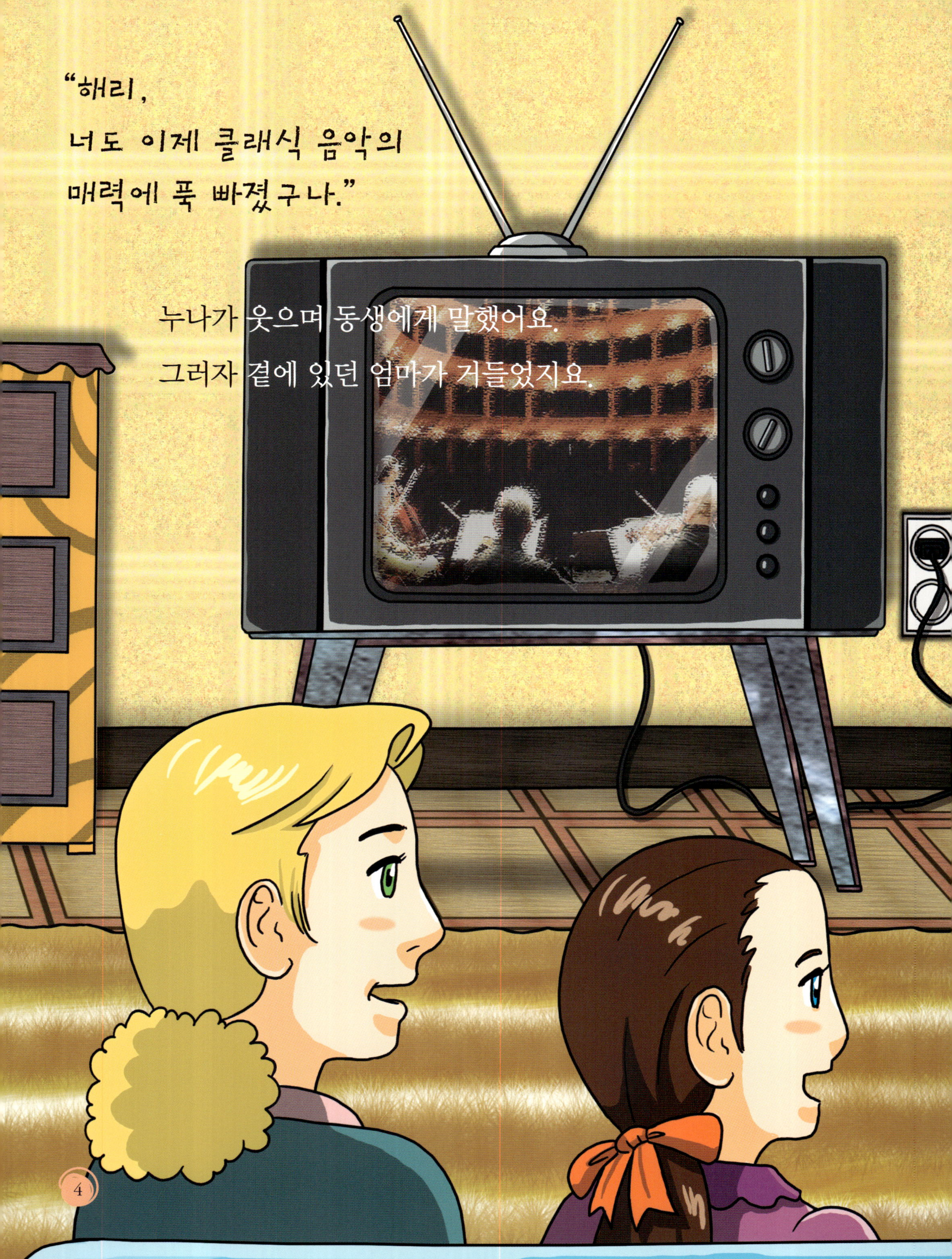

"해리,
너도 이제 클래식 음악의
매력에 푹 빠졌구나."

누나가 웃으며 동생에게 말했어요.
그러자 곁에 있던 엄마가 거들었지요.

"그게 다 레니 덕분이잖니.
몇 달 전만 해도 해리는 교향악에
영 관심조차 없었는데 말이야."
그때 아빠가 손사래를 쳤어요.
"쉿! 모두 조용!
이번에는 레니가
베토벤의 오페라 피델리오에 대해
이야기하려나 보구나."

텔레비전 화면에는 잘생긴 중년 남자가
교향악단을 뒤로 한 채 뭔가 열심히 설명하고 있었어요.
그는 풍부한 표정과 생동감 넘치는 몸동작으로
시청자들의 눈길을 사로잡았지요.

6

"어쩜 레니는 저렇게 열정이 넘칠까?"

"레니가 설명하면
아무리 어려운 음악도 귀에 쏙쏙 들어와."

해리네 가족은 너나없이
'청소년을 위한 콘서트'에 대해
칭찬을 늘어놓았어요.
특히 '레니'에 대해서 말이지요.

도대체 레니가 누구냐고요?

그의 이름은 레너드 번스타인!

레니는 애칭이었지요.

번스타인은 벌써 10년 넘게

'청소년을 위한 콘서트'를 진행했어요.

그 프로그램은 교향악단 연주와

청소년을 위한 음악 강연이 어우러져 큰 인기를 끌었지요.

"레니는 꼭 할리우드 스타 같아.
지휘와 강연뿐 아니라 각본도
직접 쓰잖아. 이따금 퀴즈도 내고
노래도 부르고, 참 재밌어."

사람들은 번스타인의 다채로운
재능에 열광했어요.

사실 번스타인의 인기는 그 전부터 대단했어요.
그가 교향악단을 지휘하면 관객들은 음악뿐만 아니라
그의 행동 하나하나에 눈길을 떼지 못했지요.

"저것 좀 봐.
레니가 지휘대 위에서 껑충껑충 뛰네!"

그 모습을 보는 관객들은 신바람이 났어요.
그러다 보니 클래식 음악이 전혀 따분하지 않았지요.
물론 그런 지휘 자세에 대해 비판이 영 없었던 것은 아니에요.

"저게 뭐야, 체통 없게.
지휘자가 코미디언처럼 쇼를 하면 안 되지."

하지만 사람들은 대부분 번스타인에게 박수를 보냈어요.

"레니는 지금 쇼를 하는 게 아니야.
음악에 완전히 빠져들어 자기도 모르게
눈을 감고, 춤추듯 몸을 흔들고,
펄쩍펄쩍 뜀을 뛰는 거야."

찬사는 계속 이어졌어요.

"레니의 곡 해석은 정말 독특해.
그가 지휘하는 뉴욕필하모니의 연주는 개성이 넘치잖아."

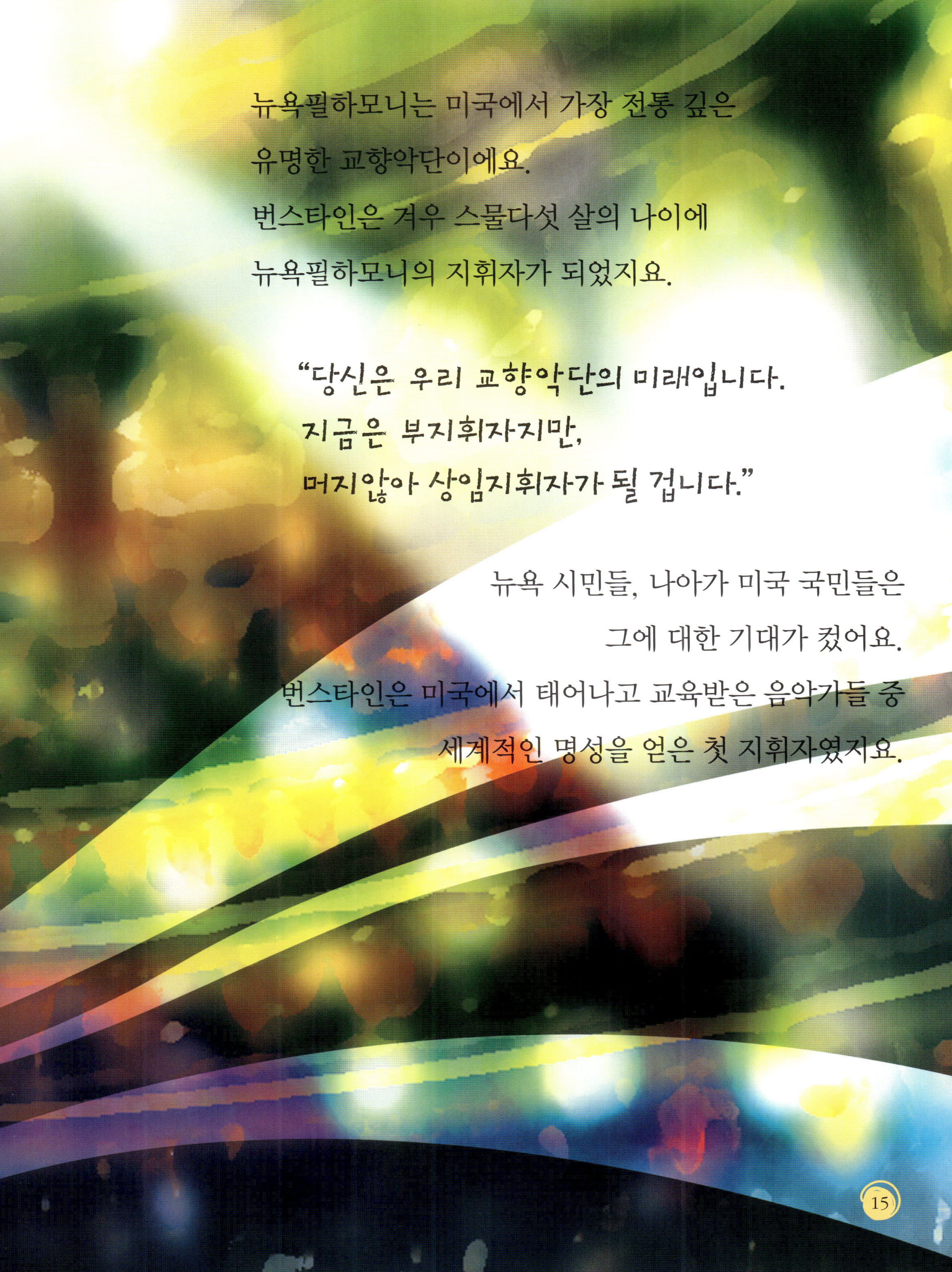

뉴욕필하모니는 미국에서 가장 전통 깊은
유명한 교향악단이에요.
번스타인은 겨우 스물다섯 살의 나이에
뉴욕필하모니의 지휘자가 되었지요.

"당신은 우리 교향악단의 미래입니다.
지금은 부지휘자지만,
머지않아 상임지휘자가 될 겁니다."

뉴욕 시민들, 나아가 미국 국민들은
그에 대한 기대가 컸어요.
번스타인은 미국에서 태어나고 교육받은 음악가들 중
세계적인 명성을 얻은 첫 지휘자였지요.

번스타인은 이렇게 이야기한 적이 있어요.

"교향악단 악기들이 저마다 하나의 피아노 건반이라면,
지휘자는 그것을 아름답게 연주하는 피아니스트입니다."

또 다음과 같은 말도 했어요.

"훌륭한 지휘자가 되려면 악보 한 마디 한 마디를
작곡가의 의도에 맞게 해석해서 완벽하게
이해해야 합니다."

바로 그런 신념들이 있었기 때문에
번스타인은 지휘자로서 성공할 수 있었어요.
그의 톡톡 튀는 행동은
탄탄한 실력이 뒷받침된 것이었지요.

아울러 번스타인은 교향악단에 대해
 남다른 생각을 가졌어요.
어느 날 연주회를 마친 번스타인이 기자와 마주했지요.

"선생님, 최고의 교향악단을 이끌어 나가려면
무엇이 가장 중요한가요?"

기자의 질문에 번스타인은 망설임 없이 대답했어요.

"그건 두말할 것 없이 좋은 연주자들이지요.
 모든 연주자가 뛰어나야 멋진 화음을
 만들어 낼 수 있어요."

번스타인은 잠시 말을 멈추었다가,
더욱 또랑또랑한 목소리로 계속 이야기했어요.

“그중에서도 제2바이올린 연주자가
아주 중요합니다.”

그러자 기자가 고개를 갸웃거렸어요.

“무슨 말씀이신지……?”

번스타인은 살짝 미소를 띠며 기자의 궁금증을 풀어 줬지요.

“실력 있는 제1바이올린 연주자를 구하는 일은
별로 어렵지 않습니다. 그보다 제1바이올린을
연주하는 마음으로 제2바이올린을 연주할 사람을
찾는 것이 더욱 큰 문제지요.”

그제야 기자는 가만히
고개를 끄덕였어요.

"어디 그런 문제가 바이올린뿐이겠습니까.
플루트도 마찬가지예요. 제1연주자는 많지만,
그와 함께 아름다운 화음을 이룰
제2연주자는 너무 적지요."

기자는 마침내 감탄사를 내뱉었어요.

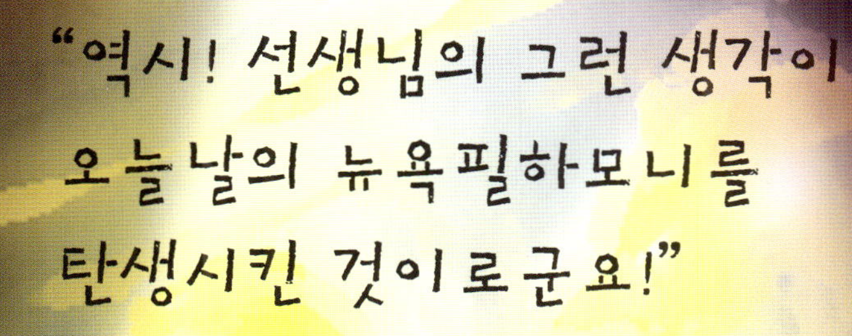

"역시! 선생님의 그런 생각이
오늘날의 뉴욕필하모니를
탄생시킨 것이로군요!"

그랬어요.
번스타인이 최고의 교향악단을 이끌어 가는 비결은
그처럼 눈에 잘 띄지 않는 것,
남들이 가볍게 여기는 것에 대한 관심이었어요.

번스타인은 음악에 관한 한 욕심꾸러기였어요.

대부분의 클래식 음악가들과 달리

오락성 짙은 음악극과 발레 음악, 영화 음악, 뮤지컬 등

이런저런 다양한 분야의 음악을 작곡했으니까요.

그러면 사람들은 또 수군거렸어요.

"클래식 음악가가 왜 저래?"

"정말 오지랖도 넓다 넓어."

하지만 그는 개의치 않고
자신의 음악 세계를 펼쳐 나갔지요.

"예술가도 한 사람의 시민입니다.
이 사랑스런 나라와 지구촌에서
함께 살아가는 삶에 기여하고 싶습니다."

번스타인의 이 말은 평소 그의 간절한 바람이었어요.

실제로 그는 '평화'와 '자유'를 위한 음악 활동을 했지요.

위엄과 권위보다 대중과 좀 더 친숙해지기를 바랐던 음악가,

그러면서도 누구보다 섬세하고 뜨거운 심장을 가졌던 음악가,

레너드 번스타인이 바로 그런 음악가였어요.

레너드 번스타인은 미국 매사추세츠 주에서 태어났습니다. 그는 유태인 가문의 자손으로 그다지 넉넉하지 못한 어린 시절을 보냈습니다.

그럼에도 평범한 회사원이었던 그의 아버지는 어린 아들을 종종 교향악단 공연에 데려갔습니다. 그래서였을까요? 번스타인은 감수성이 아주 예민한 성격으로 자라났습니다.

그런데 아버지는 아들이 음악가가 되는 것은 반대했습니다. 번스타인은 아버지의 뜻에 따라 하버드대학에 진학해 문학과 철학을 전공했지요. 그때만 해도 그의 인생은 음악과 별로 관계가 없을 듯 보였습니다.

하지만 타고난 재능은 언젠가 빛을 보게 마련일까요? 번스타인은 결국 커티스음악원에 입학해 음악에 몰두하게 됩니다. 그는 그곳에서 유명한 스승들을 만나 피아노와 지휘를 공부했지요.

그 후 학업을 마친 번스타인은 본격적으로 지휘자의 길을 걸

었습니다. 당시 꽤 이름을 날리던 쿠세비츠키의 보조 지휘자를 시작으로, 겨우 스물다섯 살의 나이에 뉴욕필하모니 부지휘자가 되었지요. 그는 곧 뉴욕필하모니에서 능력을 인정받으며 잇따라 상임지휘자와 음악감독의 자리에 올랐습니다.

지휘자 번스타인은 관객들에게 인기가 많았습니다. 뛰어난 실력과 더불어 음악에 대한 열정에서 비롯된 화려한 제스처가 사람들의 눈길을 사로잡았지요.

그렇지만 번스타인에게 세상의 이목이 집중된 계기는 뭐니 뭐니 해도 텔레비전 프로그램 '청소년을 위한 콘서트'였습니다. 그는 뉴욕필하모니 음악감독이 되고 나서 1958년부터 1972년까지 모두 53회나 '청소년을 위한 콘서트'에 참여했습니다. 교향악단의 공연을 지휘했을 뿐만 아니라, 쉽고 재미있게 음악 강연도 진행했지요.

번스타인이 참여하면서 '청소년을 위한 콘서트'는 아주 높은 시청률을 기록했습니다. 머지않아 그 프로그램은 일반인

들이 클래식 음악에 대해 친숙감을 갖게 하는 최고의 음악 교과서로 자리매김했습니다.

한편 번스타인은 작곡가로서도 적지 않은 작품을 남겼습니다. 에레미야교향곡을 비롯해 뮤지컬 웨스트사이드스토리, 발레 음악 팬시 프리, 영화 음악 워터프런트 등을 손꼽을 수 있지요. 그 밖에 《음악의 즐거움》 등 여러 권의 저서도 남겼습니다.

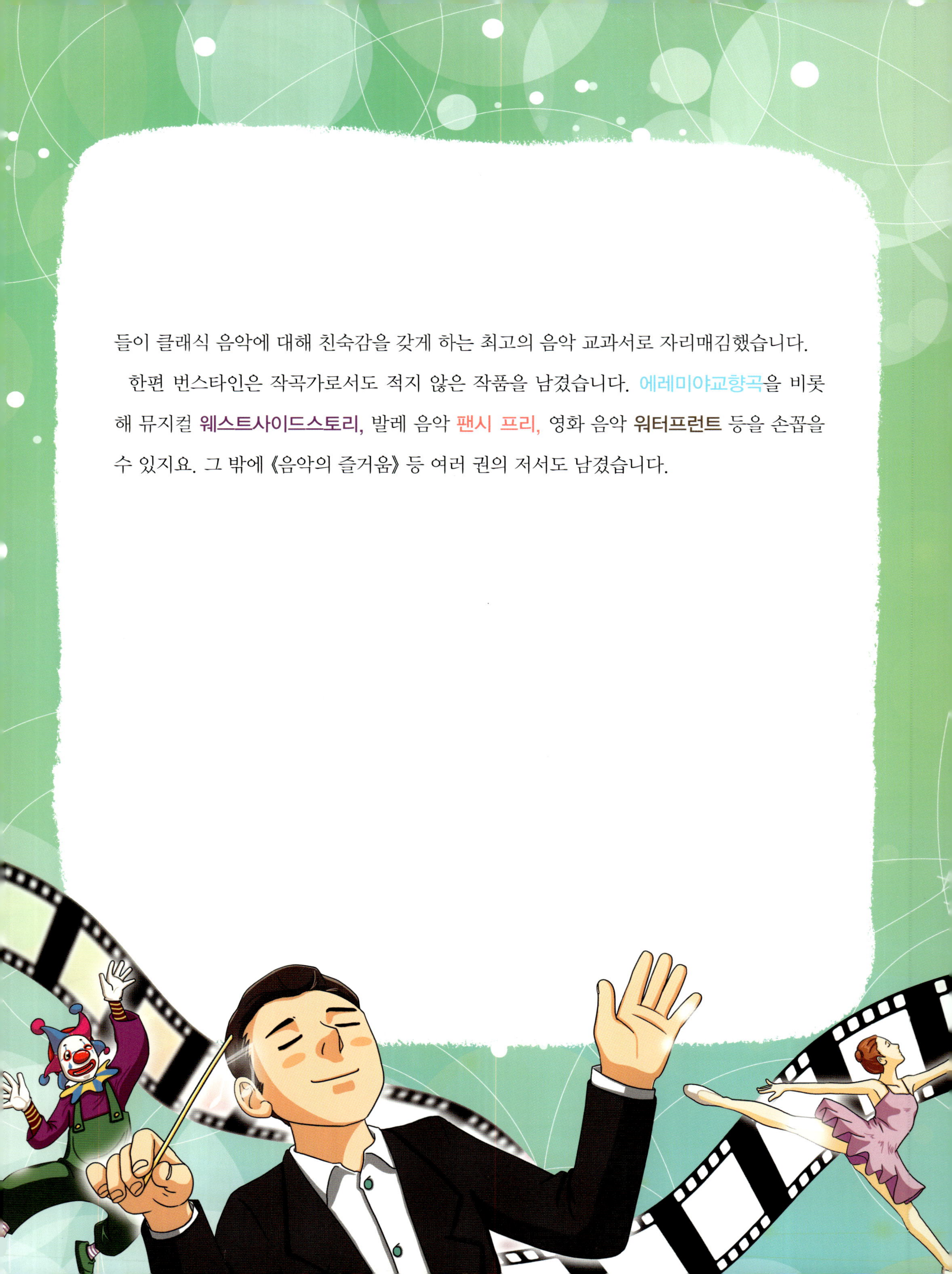

[교향악단]이 궁금해?

교향악단은 흔히 '오케스트라'라고 합니다. 대규모로 관현악을 연주하는 단체를 일컫지요.

그러면 관현악이란 무엇일까요? 그것은 여러 종류의 관악기와 현악기, 타악기로 함께 연주하는 음악을 일컫습니다.

관현악을 연주하는 단체의 규모는 다양합니다. 10여 명으로 구성된 '실내관현악단(챔버오케스트라)'도 있지만, 60~120명의 연주자가 함께 화음을 맞추는 교향악단이 대표적입니다. 정확히 말하면 '교향관현악단'이라고 해야 되지요. 교향악단 연주자들은 지휘자의 지시에 따라 조화롭고 아름다운 연주를 관객에게 들려줍니다. 그중에는 현악기만으로 이루어진 '현악관현악단(스트링오케스트라)', '목관관현악단(윈드오케스트라)' 같은 형태도 있습니다.

그런데 교향악단의 이름을 살펴보면 '심포니'나 '필하모니'라는 수식어가 붙는 경우가 많습니다. 이를테면 '코리안심포니오케스트라', '부천필하모니오케스트라'처럼 말이지요. 여기서 심포니란 '함께 울리는 소리', 필하모니는 '음악을 사랑하는 사람들'이라는 뜻을 담고 있습니다.

감수
윤해중

서울대 음대 졸업 및 미국 아메리칸 음악원 대학원 졸업
한양대 음대 작곡과 교수 역임
사단법인 한국작곡가협회 이사장 역임
한국 동요 작사 작곡가 협회 회장 역임
대한민국 작곡상, 서울시 문화상 등 수상
현 I.S.C.M. 국제현대음악협회 한국위원회 명예회원
현 한국예술가곡진흥위원회 공동대표 김남조(시인), 윤해중(작곡가), 김신환(성악가)
사단법인 한국가곡협회 추진 위원장 역임
창악회 創樂會 회장 역임

글 푸른물고기주니어 동화책연구회
그림 수디자인
감수 윤해중
펴낸이 김기봉
펴낸곳 푸른물고기주니어

초판 인쇄 2012년 5월 25일
초판 발행 2012년 5월 30일

책임편집 변경련
디자인 장미아
마케팅 정세직

주소 서울시 마포구 망원동 471-18
두영빌딩 202호
출판등록 2007년 2월 6일 제313-2007-00033호
전화 02-6401-3142
팩스 02-338-4832
전자우편 meko7@paran.com
홈페이지 www.thinkbooks.co.kr

정가 12,000원

ISBN 978-89-97773-26-8 14990
978-89-93922-99-8(세트)